Thai-køkkenets Hemmeligheder 2023

Opdag det skjulte potentiale i thailandske opskrifter

Peter Eriksson

Indholdsfortegnelse

Introduktion

Harmoni er navnet på spillet, når det kommer til thailandsk madlavning. Balancen mellem søde, salte, sure, bitre og varme smage er essentiel, ikke kun inden for de fleste retter, men også inden for rammerne af det overordnede thailandske måltid. De vigtigste smagsstoffer, der findes i et thailandsk køkken, omfatter kokos, lime, chili, hvidløg, ingefær, koriander og tørret fisk (til at lave fiskesauce). Disse ingredienser er lige så grundlæggende som salt og peber i et vestligt køkken.

Alle disse fødevarer er hjemmehørende på det asiatiske kontinent med en bemærkelsesværdig undtagelse: chili, som portugiserne introducerede til Asien i det sekstende århundrede efter at have "opdaget" dem i den nye verden. Dette er måske en af de mest dybtgående indflydelser på det thailandske køkken, da moderne thailandsk madlavning næsten er umulig at forestille sig uden varmen fra chili. Portugiserne er dog ikke de eneste, der har haft betydelig indflydelse på det thailandske køkken, som vi kender det i dag. Kineserne introducerede begrebet omrøring, indianerne bragte karry, og indoneserne introducerede talrige krydderier.

Tungt i fisk, grøntsager, frugt og ris, og lavt i kød og mejeriprodukter, thailandsk køkken er lige hvad lægen har bestilt. Disse fødevarer er rige på carotinoider, flavonoider og antioxidative vitaminer, som alle er kendt for at reducere kræft. Faktisk har thailænderne den laveste forekomst af kræft i fordøjelseskanalen af alle mennesker.

Vi har samlet 50 af de bedste, lækreste opskrifter, som du kan prøve i dit eget køkken. Hvem siger, at du skal til Thailand, eller endda til en thailandsk restaurant for at få et lækkert måltid?

Krabbeforårsruller

Bryd din wok ud - den er lavet til retter som denne! Overvej at tilføje endnu et lag af smag ved at smide et halvt pund deveirede, hakkede rejer i blandingen.

Giver 15 ruller

ingredienser

1 pund krabbekød, plukket for at fjerne eventuelle skaller og strimlet

1 spsk mayonnaise

$1/4$–1/2 tsk revet limeskal

15 forårsrulle eller æggerullepapir

2 æggeblommer, let pisket

Rapsolie til friturestegning

15 små, møre Boston-salatblade

Mynte blade

Persille blade

1. I en lille skål blandes krabbekødet med mayonnaise og limeskal.

2. Læg 1 spiseskefuld af krabbekødblandingen i midten af 1 forårsrulleindpakning. Fold en spids ende af indpakningen over krabbekødet, og fold derefter det modsatte punkt over toppen af den foldede spids. Pensl lidt af æggeblommen over toppen af det blotlagte omslag, fold derefter det nederste punkt over krabbekødet og rul til en tæt pakke; sæt til side. Gentag med det resterende krabbekød og omslag.

3. Varm olien op til 365 grader i en stegepande eller friture. Fritér rullerne 3 til 4 ad gangen i 2 minutter eller deromkring, indtil de er gyldenbrune; afdryppe på køkkenrulle.

4. Til servering skal du pakke hver forårsrulle ind i en indpakning med et enkelt stykke salat og et drys mynte og persille. Server med din yndlingsdipsauce.

Thai pommes frites

Dit lokale asiatiske marked bør indeholde ingredienser som taro-rod og klæbrig rismel (også kaldet glutinøst rismel eller sødt rismel). Sidstnævnte er også bredt tilgængelig online.

Serverer 4-8

ingredienser

2 mellemstore søde kartofler

4 grønne plantains

1 pund tarorod

1 kop rismel

1 kop klistret rismel

Vand

1 tsk sort peber

1 tsk salt

2 spsk sukker

3 spsk sorte sesamfrø

1 14-ounce pose strimlet sødet kokosnød

1. Skræl rodfrugterne og skær dem i flade 1/3 tomme tykke strimler på cirka 3 centimeter lange og 1 tomme brede.

2. Kom melene i en stor røreskål og rør 1/2 kop vand i. Fortsæt med at tilføje vand 1/4 kop ad gangen, indtil der er dannet en blanding, der ligner pandekagedej. Rør de resterende ingredienser i.

3. Fyld en mellemstor gryde en tredjedel til en halv fuld med vegetabilsk olie. Varm olien op ved høj varme, indtil den er meget varm, men ikke ryger.

4. Tilsæt nogle af grøntsagerne til dejen, beklæd dem godt. Brug en hulske eller en asiatisk si til at lægge grøntsagerne i den varme olie. (Vær forsigtig her: Olien kan sprøjte.) Steg grøntsagerne, vend dem af og til, indtil de er gyldenbrune. Overfør de stegte grøntsager til en stak køkkenrulle, så de kan dryppe af, og server derefter straks.

<h1 style="text-align:center">Fried Wontons</h1>

Når lettere forårsruller ikke vil skære det, så vælg disse tilfredsstillende wontons! Bliv kreativ med fyldet; erstat svinekød med kylling eller tilsæt strimlet kål til en vegetarisk version.

Giver cirka 25 wontons

ingredienser

1 fed hvidløg, hakket

2 spsk koriander, hakket

1 spsk sojasovs

½ kop hvide svampe, hakkede

Knib hvid peber

½ pund hakket svinekød

25 wonton skind

Vegetabilsk olie til stegning

1. Kombiner hvidløg, koriander, sojasovs, svampe, hvid peber og hakket svinekød grundigt i en mellemstor skål.

13

2. For at lave wontons placeres cirka 1/2 tsk af fyldet midt på et wontonskind. Fold wontonen fra hjørne til hjørne, så du danner en trekant. Tryk kanterne sammen for at forsegle lukket. Gentag med de resterende skind og fyld.

3. Tilføj omkring 2 til 3 tommer vegetabilsk olie til en frituregryde eller wok. Varm olien op på medium indtil den når omkring 350 grader. Tilsæt forsigtigt wontons, to eller tre ad gangen. Steg til de er gyldenbrune, vend dem hele tiden. Overfør de kogte wontons til afdrypning på køkkenrulle, efterhånden som de er færdige.

4. Server wontons med enten sursød sauce eller sauce efter eget valg.

Stegt tofu med dyppesaucer

Tofu kommer i forskellige teksturer: silkeagtig, fast og ekstra fast. For de bedste - og sundeste - resultater, gå med ekstra fast, ikke-GMO-tofu og dræn og tryk mellem papirservietter eller rene viskestykker, før du skærer i terninger og dykker ned i forberedt olie.

Serverer 2-4

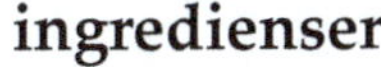

ingredienser

1 pakke tofu, skåret i mundrette tern

Vegetabilsk olie til stegning

Dipsauce efter eget valg

1. Tilføj omkring 2 til 3 tommer vegetabilsk olie til en frituregryde eller wok. Varm olien op på medium indtil den når omkring 350 grader. Tilføj forsigtigt nogle af tofu-stykkerne, og sørg for ikke at overfylde dem; steg til gyldenbrun, vend konstant. Overfør den stegte tofu til køkkenrulle til afdrypning, efterhånden som hver batch er kogt.

2. Server tofuen med et udvalg af dipsauce, såsom sursød sauce, jordnøddesauce eller myntesauce.

Tom Yum

Frisk, duftende citrongræs sælges i bundter på tre til fem, der er omkring en fod lange. Du kan også finde brugsklare varianter i fryseafdelingen på et asiatisk marked.

Serverer 4-6

ingredienser

4-5 kopper vand

3 skalotteløg, finthakket

2 stilke citrongræs, knust og skåret i 1-tommer lange segmenter

2 spsk fiskesauce

2 spsk frisk ingefær, hakket

20 mellemstore rejer, afskallede men med hale tilbage på

1 dåse halmsvampe, drænet

2-3 tsk skåret kaffir limeblade eller limeskal

3 spsk limesaft

2-3 thailandske chilipeber, frøet og hakket

1. Hæld vandet i en mellemstor suppegryde. Tilsæt skalotteløg, citrongræs, fiskesauce og ingefær. Bring

det i kog, reducer varmen og lad det simre i 3 minutter.

2. Tilsæt rejer og svampe, og kog indtil rejerne bliver lyserøde. Rør limeskal, limesaft og chilipeber i.

3. Dæk til og tag af varmen. Lad suppen trække i 5 til 10 minutter før servering.

Kylling-citronsuppe

Kun 40 minutters forberedelse og tilberedningstid giver dig mulighed for at rynke dig sammen og nyde denne let søde, let skarpe suppe, som er fyldt med klassiske thailandske ingredienser.

Serverer 4-6

~

ingredienser

½kop citronskiver, inklusive skal

3 spsk fiskesauce

11⁄2 tsk frisk hot chilipeber, frøet og hakket

2 grønne løg, skåret i tynde skiver

11⁄2 tsk sukker

11⁄2 dl kokosmælk

2 kopper hønsebouillon

3 tsk citrongræs, skrællet og hakket

1 kop halmsvampe

1 spsk frisk ingefær, hakket

1 hel udbenet, skindfri kyllingebryst, pocheret og strimlet

1. Kombiner citronskiver, fiskesauce, chilipeber, grønt løg og sukker i en lille glasskål; sæt til side.

2. Kom kokosmælk, hønsebouillon, citrongræs, svampe og ingefær i en gryde. Bring i kog, reducer varmen og lad det simre i 20 til 25 minutter. Tilsæt kylling og citronblandingen; varme igennem.

3. Til servering hældes i opvarmede skåle.

Thai-krydret oksekødsuppe med nudler

Hvis du fylder dit spisekammer med sådanne thailandske krydderier og basisvarer som fiskesauce, chilisauce, ingefær og risnudler, vil du være i stand til at piske en elegant suppe som denne sammen, når du har rester af oksekød i dit køleskab.

Serverer 4-6

ingredienser

8 kopper oksebouillon

1 hel stjerneanis, knust

1 (2-tommer) kanelstang

2 (1/4-tommer) stykker skrællet ingefærrod

8 ounce risnudler, gennemblødt i varmt vand i 10 minutter, sigtet og skyllet i koldt vand

1 stilk citrongræs, seje ydre blade fjernet, inderste kerne knust og hakket

¾kop rester af oksesteg, hakket eller strimlet

¼kop fiskesauce

1 spsk forberedt chili-hvidløgssauce

21/2 spsk limesaft

3-4 tsk (eller efter smag) salt

Friskkværnet sort peber efter smag

1. I en mellemstor gryde skal du simre oksebouillon, stjerneanis, kanelstang og ingefær ved lav varme i 30 til 40 minutter.

2. Si fonden og kom tilbage i gryden.

3. Tilsæt nudler, citrongræs, revet oksekød, fiskesauce, chilisauce og hvidløg. Bring suppen i kog ved middel varme. Reducer varmen og lad det simre i 5 minutter. Rør limesaft, salt og peber i.

Afkølet mangosuppe

For at skære sødmen endnu mere og give denne velsmagende suppe et kick, skal du udelade sukkeret og i stedet tilføje et skvæt cayenne- og rødpeberflager.

Serverer 2-4

ingredienser

2 store mangoer, skrællet, udstenet og hakket

1½ dl kylling eller grøntsagsbouillon, afkølet

1 kop almindelig yoghurt

1 tsk sukker (valgfrit)

1 spsk tør sherry

Salt og hvid peber efter smag

1. Kom alle ingredienserne i en blender eller foodprocessor og kør til en jævn masse. Juster krydderier.

2. Denne suppe kan serveres med det samme eller på køl indtil den skal bruges. Hvis du sætter suppen på køl,

så lad den stå ved stuetemperatur i 10 minutter eller

deromkring før servering for at tage noget af kulden.

Brændende oksesalat

Server som en fyldig entrésalat eller reducer portionsstørrelsen og server som en pikant forret. Uanset hvad, vil du gerne lave ekstra dressing for at have ved hånden!

Serverer 2-4

ingredienser

Til dressingen:

¼kop basilikumblade

2 spsk serrano chili, hakket

2 fed hvidløg

2 spsk brun farin

2 spsk fiskesauce

¼teskefuld sort peber

¼kop citronsaft

Til salaten:

1 pund oksebøf

Salt og peber efter smag

1 stilk citrongræs, yderste blade fjernet og kasseret, inderste stilk fint skåret

1 lille rødløg, fint skåret

1 lille agurk, fint skåret

1 tomat, fint skåret

½kop mynteblade

Bibb eller romaine salat blade

1. Kombiner alle ingredienserne til dressingen i en blender og blend, indtil de er godt indarbejdet; sæt til side.

2. Smag bøffen til med salt og peber. Over en varm ild, grill til medium-rare (eller efter din smag). Overfør bøffen til et fad, dæk med folie og lad hvile i 5 til 10 minutter før udskæring.

3. Skær oksekødet på tværs af kornet i tynde skiver.

4. Læg oksekødsskiverne, eventuel saft fra fadet og de resterende salatingredienser, undtagen salaten, i en stor røreskål. Tilsæt dressingen og vend til pels.

5. Til servering skal du lægge salatblade på individuelle
    tallerkener og samle oksekødsblandingen oven på
    salaten.

Krydret rejesalat

Varmen fra chilisaucen afspiller den friske smag af lime og mynte i denne mindeværdige salat. Det bedste af det hele er, at det hænger sammen i en knivspids.

Serverer 2-4

ingredienser

Til dressingen:

3 spsk sukker

4 spsk fiskesauce

⅓ kop limesaft

2 spsk forberedt chilisauce

Til salaten:

¾ pund kogte rejer

¼ kop mynte, hakket

1 lille rødløg, skåret i tynde skiver

2 grønne løg, trimmet og skåret i tynde skiver

2 agurker, skrællet og skåret i tynde skiver

Bibb salatblade

1. I en lille skål kombineres alle ingredienserne til dressingen. Rør indtil sukkeret er helt opløst.

2. I en stor skål kombineres alle salatens ingredienser undtagen salaten. Hæld dressingen over og vend den til pels.

3. Til servering placeres salatbladene på individuelle tallerkener. Læg en portion af rejesalaten oven på bladene. Server straks.

Sød-og-sur agurkesalat

Denne lip-smacking opskrift er faktisk en hurtig syltning; for at intensivere smagene, lad dem stå i køleskabet endnu længere!

Serverer 2-4

~

ingredienser

5 spsk sukker

1 tsk salt

1 kop kogende vand

½kop ris eller hvid eddike

2 mellemstore agurker, udsået og skåret i skiver

1 lille rødløg, skåret i skiver

2 thai chili, frøet og hakket

1. I en lille skål kombineres sukker, salt og kogende vand. Rør for at opløse sukker og salt grundigt. Tilsæt eddike og lad vinaigretten køle af til stuetemperatur.

2. Læg agurker, løgskiver og chilipeber i en mellemstor skål. Hæld dressingen over grøntsagerne. Dæk til og

lad marinere i køleskabet til det er koldt, gerne natten

over.

Lækker melonsalat

En typisk sommerret, parret denne med grillet kød og en afkølet velsmagende nudelret til en imponerende thailandsk middag, der skal nydes udendørs.

Serverer 4-6

ingredienser

6 kopper diverse melonterninger

2 agurker, skrællet, halveret, udsået og skåret i skiver

6-8 spsk limesaft

Skal af 1 lime

¼kop honning

1 serrano chili, frøet og hakket (til en varmere salat, lad frøene blive i)

¼teskefuld salt

1. Kombiner melonen og agurken i en stor røreskål.

2. Bland de resterende ingredienser sammen i en lille skål. Hæld frugten over og vend godt rundt.

3. Server med det samme, eller hvis du kan lide en mere
    frisk smag, så lad salaten sidde i op til 2 timer for at
    lade chilismagen udvikle sig.

Varmt og surt oksekød

Mørk sød sojasovs, som indeholder melasse, giver denne ret en markant anderledes smag, så modstå trangen til at erstatte med traditionel soja, som ikke er så rig og er meget saltere.

Serverer 1-2

ingredienser

1 spsk limesaft

1 spsk fiskesauce

1 spsk mørk, sød sojasovs

3 spsk løg, hakket

1 tsk honning

1 tsk tørret chilipulver

1 grønt løg, trimmet og skåret i tynde skiver

1 tsk koriander, hakket

1½ punds mørbradbøf

Salt og peber efter smag

1. Lav saucen ved grundigt at kombinere de første otte ingredienser; sæt til side.

2. Krydr bøffen med salt og peber, og grill eller steg den derefter til din foretrukne tilberedningsgrad. Fjern bøffen fra grillen, dæk med folie og lad hvile i 5 til 10 minutter.

3. Skær bøffen i tynde skiver, skær på tværs af kornet.

4. Anret stykkerne på et serveringsfad eller på 1 eller 2 middagstallerkener. Hæld saucen over toppen. Server med ris og en sidegrøntsag.

Omrørt oksekød med mynte

Sæt dine ris i slowcookeren om morgenen, og du kan få aftensmaden på bordet i løbet af få minutter med denne hurtige, nemme og publikumsvenlige røre.

Serverer 4-6

ingredienser

7-14 (efter smag) serrano chili, frøet og groft hakket

¼kop hvidløg, hakket

¼kop gult eller hvidt løg, hakket

¼kop vegetabilsk olie

1 pund flankebøf, skåret på tværs af kornet i tynde strimler

3 spsk fiskesauce

1 spsk sukker

½–¾ kop vand

½kop mynteblade, hakket

1. Brug en morter og støder eller en foodprocessor til at male chili, hvidløg og løg sammen.

2. Varm olien op ved middelhøj varme i en wok eller stor stegepande. Tilsæt den malede chiliblanding til olien og steg i 1 til 2 minutter.

3. Tilsæt oksekødet og steg, indtil det lige begynder at brune.

4. Tilsæt de resterende ingredienser, juster mængden af vand alt efter hvor tyk du ønsker saucen.

5. Server med rigeligt jasminris.

Svinekød med hvidløg og sort peber

Hvis du ikke ejer en, så invester i en morter og støder - et værktøj, der gør det til en nem opgave at mose hvidløget i denne opskrift og giver dig mulighed for at frigive intens smag fra urter og krydderier.

Serverer 2

ingredienser

10-20 fed hvidløg, mosede

2–21/2 tsk sorte peberkorn, groft malede

4 spiseskefulde vegetabilsk olie

1 svinemørbrad, trimmet for alt fedt og skåret i medaljoner ca. 1/4 tomme tykke

1/4 kop sød sort sojasovs

2 spsk brun farin

2 spsk fiskesauce

1. Læg hvidløg og sort peber i en lille foodprocessor og bearbejd kortvarigt til en groft pasta; sæt til side.

2. Varm olien op i en wok eller stor gryde ved middelhøj varme. Når olien er varm tilsættes hvidløg-peberpastaen og steges til hvidløget bliver guld.

3. Hæv varmen til høj og tilsæt svinemedaljonerne; steg i 30 sekunder.

4. Tilsæt sojasovsen og brun farin under omrøring, indtil sukkeret er opløst.

5. Tilsæt fiskesauce og fortsæt med at koge indtil svinekødet er gennemstegt, ca. yderligere 1 til 2 minutter.

Kanel oksekød

Kanel har vist sig at have positive effekter på kolesterol og type-2 diabetes. Det har også anti-inflammatoriske egenskaber, så tilføj krydderi til dit oksekød og få sundhedsmæssige fordele i processen!

Serverer 4

ingredienser

11⁄2 liter vand

2 spsk sukker

2 hele stjerneanis

5 spsk sojasovs

1 fed hvidløg, knust

2 spsk sød sojasovs

1 (2-tommer) stykke kanelstang

5 kviste koriander

1 bladselleri, skåret i skiver

1 pund oksehøjreb, trimmet af alt fedt og skåret i 1-tommers terninger

1 laurbærblad

1. Kom vandet i en stor suppegryde og bring det i kog. Reducer varmen til lav og tilsæt de resterende ingredienser.

2. Lad det simre, tilsæt mere vand, hvis det er nødvendigt, i mindst 2 timer eller indtil oksekødet er helt mørt. Lad om muligt det stuvede oksekød stå i køleskabet natten over.

3. Til servering placeres nudler eller ris i bunden af 4 suppeskåle. Tilsæt oksekødsstykker og hæld derefter bouillon over. Drys med hakket koriander eller hakkede grønne løg, hvis du har lyst. Giv en eddike-chilisauce efter eget valg som en dip til oksekødet.

Ingefær kylling

Frisk revet ingefær er altid det ideelle valg til den klareste smag i thailandsk madlavning, men du kan forlænge levetiden på dine rødder på ubestemt tid ved at skrælle, hakke og nedsænke dem i vodka.

Serverer 2

ingredienser

2 spsk fiskesauce

2 spsk mørk sojasovs

2 spsk østerssauce

3 spiseskefulde vegetabilsk olie

1 spsk hvidløg, hakket

1 hel udbenet, skindfri kyllingebryst, skåret i mundrette stykker

1 kop skive tamsvampe

3 spsk revet ingefær

Knip sukker

3 spsk løg, hakket

2-3 habanero eller fugleøje chili

Jasminris, kogt efter pakkens anvisning

3 grønne løg, trimmet og skåret i 1-tommers stykker

Koriander efter smag

1. I en lille skål kombineres fisk, soja og østers saucer; sæt til side.

2. Varm olien op i en stor wok, indtil den er meget varm. Tilsæt hvidløg og kylling, og rør rundt lige indtil kyllingen begynder at skifte farve.

3. Tilsæt den reserverede sauce og kog indtil den begynder at simre under konstant omrøring.

4. Tilsæt svampe, ingefær, sukker, løg og chili; lad det simre til kyllingen er gennemstegt, cirka 8 minutter.

5. Til servering hældes kyllingen over jasminris og toppes med grønne løg og koriander.

Basilikum Kylling

For en mere dristig smag, brug thailandsk basilikum (som kan identificeres på dens lilla stilk) i stedet for sød basilikum. Du vil opdage smag og aroma af lakrids, kanel og mynte i denne sort.

Serverer 4

ingredienser

2 spsk fiskesauce

1½ spsk sojasovs

1 spsk vand

1½ tsk sukker

2 hele udbenede, skindfri kyllingebryst, skåret i 1-tommers terninger

2 spiseskefulde vegetabilsk olie

1 stort løg, skåret i tynde skiver

3 thailandske chilier, frøet og skåret i tynde skiver

3 fed hvidløg, hakket

1½ dl hakkede basilikumblade, delt

1. I en mellemstor skål kombineres fiskesaucen, sojasovsen, vand og sukker. Tilsæt kyllingeterningerne og rør rundt. Lad marinere i 10 minutter.

2. I en stor stegepande eller wok varmes olie op over medium-høj varme. Tilsæt løget og steg i 2 til 3 minutter. Tilsæt chili og hvidløg og steg videre i yderligere 30 sekunder.

3. Brug en hulske til at fjerne kyllingen fra marinaden og tilføje den til stegepanden (behold marinaden.) Steg indtil næsten gennemstegt, ca. 3 minutter.

4. Tilsæt den reserverede marinade og kog i yderligere 30 sekunder. Tag gryden af varmen og rør 1 kop basilikum i.

5. Pynt med den resterende basilikum, og server med ris.

Kylling med sort peber og hvidløg

At lave denne opskrift til din familie er en fantastisk måde at forsigtigt introducere dem til thailandske smage. Server sammen med jasminris og nogle små bidder af frisk mango for virkelig at vinde dem!

Serverer 4-6

ingredienser

1 spsk hele sorte peberkorn

5 fed hvidløg, skåret i halve

2 pund udbenet, skindfri kyllingebryst, skåret i strimler

$\frac{1}{3}$kop fiskesauce

3 spiseskefulde vegetabilsk olie

1 tsk sukker

1. Brug enten en morter og støder eller en foodprocessor til at kombinere de sorte peberkorn med hvidløget.

2. Læg kyllingestrimlerne i en stor røreskål. Tilsæt hvidløg-peberblandingen og fiskesaucen, og rør sammen.

3. Dæk skålen til, stil i køleskabet og lad den marinere i
   20 til 30 minutter.

4. Opvarm vegetabilsk olie over medium varme i en wok
   eller stegepande. Når det er varmt, tilsæt
   kyllingeblandingen og steg rundt, indtil det er
   gennemstegt, cirka 3 til 5 minutter.

5. Rør sukkeret i. Tilsæt yderligere sukker eller
   fiskesauce efter smag.

Kokos-Chili kylling

Glem thailandsk takeaway! Når du skaber dette fra bunden i dit eget køkken, får det en helt ny dimension. For en smag af troperne kan denne blanding af ingredienser ikke slås.

Serverer 2-3

ingredienser

2-4 serrano chili, stilke og frø fjernet

1 stilk citrongræs, indvendig del hakket groft

2 (2-tommer lange, 1/2-tommer brede) strimler limeskal

2 spiseskefulde vegetabilsk olie

1/2 kop kokosmælk

1 hel udbenet, skindfri kyllingebryst, skåret i tynde strimler

2-4 spsk fiskesauce

10-15 basilikumblade

1. Læg chili, citrongræs og limeskal i en foodprocessor og forarbejde, indtil de er malet.

2. Varm olien op ved middelhøj varme i en wok eller stor stegepande. Tilsæt chiliblandingen og sauter i 1 til 2 minutter.

3. Rør kokosmælken i og kog i 2 minutter.

4. Tilsæt kyllingen og steg indtil kyllingen er gennemstegt, cirka 5 minutter.

5. Reducer varmen til lav og tilsæt fiskesauce og basilikumblade efter smag.

6. Server med rigeligt jasminris.

Lime-ingefærfileter

Denne middag indeholder masser af næring og smag uden at være en byrde at forberede. For en let-flaget filet skal du sørge for at være opmærksom på at se slagtekyllingen, så du ikke overkoger.

Serverer 2-4

ingredienser

4 spsk usaltet smør, ved stuetemperatur

2 tsk limeskal

½teskefuld malet ingefær

½teskefuld salt

4 fiskefileter, såsom hvidfisk, aborre eller gedde

Salt og friskkværnet sort peber

1. Forvarm slagtekyllingen.

2. Bland grundigt smør, limeskal, ingefær og 1/2 tsk salt i en lille skål.

3. Krydr fileterne let med salt og peber og læg dem på en bageplade.

4. Steg i 4 minutter. Pensl hver filet med noget af lime-ingefærsmørret og steg videre i 1 minut, eller indtil fisken er færdig efter din smag.

Hurtig asiatisk grillet fisk

Hvis du er bekymret for bæredygtighed, kan du overveje kilden til din fisk. Ifølge The Environmental Defense Fund er makrel det bedste valg, efterfulgt af sort havbars; Chilensk havbars er på listen over "øko-værste".

Serverer 4-6

ingredienser

1 hel fisk, såsom havaborre eller makrel, renset

4 spsk koriander, hakket

3 spsk hakket hvidløg, delt

1 tsk friskkværnet sort peber

3 spsk limesaft

1 spsk jalapeño chilipeber, skåret i skiver

2 tsk brun farin

1. Skyl hurtigt fisken under koldt vand. Dup tør med køkkenrulle. Sæt fisken på et stort ark alufolie.

2. Kom koriander, 2 spsk hvidløg og sort peber i en foodprocessor, og bearbejd til en tyk pasta.

3. Gnid pastaen over hele fisken, både indvendigt og udvendigt. Pak fisken tæt ind i folien.

4. For at lave saucen skal du placere det resterende hvidløg, limesaft, jalapeños og brun farin i en foodprocessor og blende indtil det er blandet.

5. Placer fisken på en forberedt grill og steg i 5 til 6 minutter på hver side, eller indtil kødet er uigennemsigtigt, når det gennembores med spidsen af en kniv.

6. Server fisken med saucen.

Fisk og skaldyr omrøres

Intet slår frisk fisk, men det er omkostningseffektivt at fylde op, når dine favoritter er til salg, fryse dem og bryde dem ud, når du har lyst til denne smagfulde røre.

Serverer 2-4

ingredienser

3 spiseskefulde vegetabilsk olie

3 tsk hvidløg, hakket

2 skalotteløg, hakket

1 stilk citrongræs, forslået

¼kop basilikum, hakket

1 dåse bambusskud, skyllet og drænet

3 spsk fiskesauce

Knip brun farin

1 pund friske rejer, kammuslinger eller andre skaldyr, renset

Ris, kogt efter pakkens anvisning

1. Varm olien op i en stegepande eller wok ved høj varme. Tilsæt hvidløg, skalotteløg, citrongræs og basilikum, og sauter i 1 til 2 minutter.

2. Reducer varmen, tilsæt de resterende ingredienser, og steg rundt, indtil fisk og skaldyr er færdige efter din smag, cirka 5 minutter.

3. Server over ris.

Basilikumsmuslinger

Kaffirlimeblade giver en unik blomsternote til enhver thailandsk ret. Hvis du ikke kan finde dem, kan du bruge en kombination af limeskal og juliennedslåede laurbærblade til en tæt erstatning.

Serverer 2-4

ingredienser

2 spiseskefulde vegetabilsk olie

3 fed hvidløg, hakket

3 kaffir limeblade, revet i julien

½pund bay kammuslinger, renset

1 (14-ounce) dåse halmsvampe, drænet

¼kop bambusskud, strimlet

3 spsk østerssauce

15-20 friske basilikumblade

1. Varm olien op i en wok eller stegepande. Tilsæt hvidløg og limeblade, og steg rundt, indtil de dufter, cirka 15 sekunder.

2. Tilsæt kammuslinger, svampe, bambusskud og østerssauce; fortsæt med at røre i cirka 4 til 5 minutter, eller indtil kammuslingerne er færdige efter din smag.

3. Bland basilikumbladene i og server med det samme.

Vegetarisk omrøring

Brug disse grøntsager eller andre, afhængigt af hvad du har ved hånden, men lad være med at vinge det trin, der involverer at lave saucen - det er det, der gør dette så læskende lækkert.

Serverer 4-6 som hovedret

ingredienser

1-2 spsk vegetabilsk olie

2 kopper mundrette tofu stykker

2 spsk hvidløg, hakket

2 spsk revet ingefær

4 spsk thailandske chili, frøet og skåret i skiver

4 spsk sojasovs

2 spsk mørk, sød sojasovs

1 lille løg, skåret i skiver

¼ kop sneærter

¼ kop selleri, i tynde skiver

¼ kop vandkastanjer

¼ kop mundrette stykker peberfrugt

¼ kop svampe, skåret i skiver

¼ kop blomkålsbuketter

¼ kop broccoli buketter

¼ kop asparges tips

1 spsk majsstivelse, opløst i lidt vand

¼ kop bønnespirer

Ris, kogt efter pakkens anvisning

1. Opvarm 1 spsk olie i en stor stegepande eller wok over medium-høj varme. Tilsæt tofuen og sauter indtil den

er gyldenbrun. Overfør tofuen til køkkenrulle til afdrypning.

2. Tilføj yderligere olie til panden, hvis det er nødvendigt, og steg hvidløg, ingefær og chili for at frigive deres duft, cirka 2 til 3 minutter. Rør sojasovserne i og skru op for varmen.

3. Tilføj den reserverede tofu og alle grøntsagerne undtagen bønnespirerne; steg i 1 minut.

4. Tilsæt majsstivelsesblandingen og steg i yderligere et minut, eller indtil grøntsagerne netop er gennemstegte og saucen er tyknet lidt.

5. Tilsæt bønnespirerne, rør kort for at varme dem op.

6. Server over ris.

Brændt blomkål

Det bliver ikke meget nemmere end dette! Marinaden puster liv i jordagtig blomkål og opfordrer dig til at spise mere af denne nærende og undervurderede korsblomstrede grøntsag.

Serverer 6-8

ingredienser

1 hoved blomkål, skåret i buketter (skær buketter i halve, hvis store)

½kop marinade eller sauce efter eget valg

1. Læg blomkålsbuketterne i en stor opbevaringspose med lynlås og hæld marinade over dem; lad hvile i køleskabet i 4 til 6 timer.

2. Forvarm ovnen til 500 grader.

3. Læg blomkålsbuketterne i en bradepande. Steg i cirka 15 minutter eller indtil de er møre, vend efter 7 til 8 minutter.

Fried Okra i thailandsk stil

Tapiokamel er stivelsesholdigt, let sødt, kornfrit hvidt mel lavet af kassavarod. Normalt brugt som fortykningsmiddel, er det nødvendigt her at skabe en let dej til denne unikke stegte snack.

Giver cirka 20 stk

ingredienser

⅓ kop universalmel

½ kop tapiokamel

1 tsk bagepulver

½ kop vand

1 pund lille okra, trimmet

1 kop vegetabilsk olie

½ kop chili dipsauce efter eget valg

1. Kombiner mel, bagepulver og vand i en mellemstor røreskål for at danne en dej. Tilsæt okrastykkerne.

2. Opvarm vegetabilsk olie i en stegepande eller wok ved høj varme. (Den skal være varm nok til, at et prøvestykke dej blæser op med det samme.)

3. Tilsæt den smækkede okra, et par ad gangen, og steg til de er gyldne.

4. Brug en hulske til at fjerne okraen til køkkenrulle for at dræne.

5. Server varm med din yndlings chili dipsauce.

Omrørte snapseærter og bønnespirer

Nyd den sprøde friske smag af denne uforfalskede ret, som passer godt sammen med brune jasminris og knuste jordnødder til en vegetarisk hovedret.

Serverer 4-6

ingredienser

2 spiseskefulde vegetabilsk olie

1 lille løg, skåret i tynde skiver

1 (1-tommer) stykke ingefær, skrællet og hakket

Knip hvid peber

1 spsk sojasovs

½pund sukkerærter, trimmet

1 pund bønnespirer, skylles grundigt og trimmes evt

Salt og sukker efter smag

1. Opvarm vegetabilsk olie over medium-høj varme i en stor stegepande.

2. Tilsæt løg og ingefær og svits i 1 minut.

3. Rør den hvide peber og soyasovsen i.

4. Tilsæt sukkerærter og kog under konstant omrøring i 1 minut.

5. Tilsæt bønnespirerne og kog i 1 minut mere under konstant omrøring.

6. Tilsæt op til 1/2 tsk salt og en stor knivspids sukker for at justere balancen i saucen. Server straks.

Pad Thai

I Thailand spises denne allestedsnærværende ret som et let måltid og er en favorit på natmarkeder. En potentielt ukendt ingrediens her er Tamarind-koncentrat, som kommer fra bælg af et træ, der er hjemmehørende i Afrika, men nu hovedsagelig dyrkes i Indien.

Serverer 2-4

ingredienser

8 ounce risnudler

2 spiseskefulde vegetabilsk olie

5-6 fed hvidløg, finthakket

2 spsk skalotteløg, hakket

½kop kogte salat rejer

¼kop fiskesauce

¼kop brun farin

6-8 teskefulde tamarindkoncentrat

¼kop purløg, hakket

½kop ristede jordnødder, hakkede

1 mellemstort æg, pisket

1 kop bønnespirer

Pynt:

1 spsk limesaft

1 spsk tamarindkoncentrat

1 spsk fiskesauce

½ kop bønnespirer

½ kop purløg, hakket

½ kop ristede jordnødder, groft malet

1 lime skåret i tern

1. Læg nudlerne i blød i vand ved stuetemperatur i 30 minutter eller indtil de er bløde. Dræn og sæt til side.

2. Opvarm vegetabilsk olie i en wok eller stegepande over medium-høj varme. Tilsæt hvidløg og skalotteløg, og steg kortvarigt, indtil de begynder at skifte farve.

3. Tilsæt de reserverede nudler og alle de resterende ingredienser undtagen ægget og bønnespirerne, og steg til de er varme.

4. Under konstant omrøring, dryp langsomt det sammenpiskede æg i.

5. Tilsæt bønnespirerne og kog i højst 30 sekunder mere.

6. I en lille skål blandes alle ingredienserne til pynt, undtagen limebåde.

7. For at servere skal du arrangere Pad Thai på et serveringsfad. Top med garniture og omkrans med limebåde.

Panstegte nudler

Denne sprøde ret er en perfekt seng til marineret kød eller dampede grøntsager. Juster chili-hvidløgspastaen efter, hvor meget smag du gerne vil pakke i!

Serverer 6-8

ingredienser

¾pund friske lo mein nudler eller englehårpasta

¼kop hakket purløg

2 spiseskefulde (eller efter smag) forberedt chili-hvidløgspasta

3 spiseskefulde vegetabilsk olie, delt

Salt efter smag

1. Kog nudlerne i en stor gryde i højst 2 til 3 minutter. Dræn, skyl under koldt vand og dræn igen.

2. Tilsæt purløg, chilipasta, 1 spsk af olien og salt til nudlerne; smid til belægning, og juster krydderier.

3. I en tykbundet 10-tommer stegepande opvarmes den resterende olie over medium-høj varme. Når det er varmt, tilsæt nudelblandingen, fordel jævnt. Tryk

nudlerne ned i gryden med bagsiden af en spatel. Kog i cirka 2 minutter. Reducer varmen og fortsæt med at koge, indtil nudlerne er pænt brune. Vend nudlerne i 1 stykke. Fortsæt med at lave mad, indtil det er brunet, tilsæt om nødvendigt yderligere olie.

4. Til servering skæres nudlerne i tern.

Vegetariske sesamnudler

Selvom du kan bruge almindelige ægnudler til dette, får du en helt anderledes ret ved at opsøge asiatiske ægnudler, som ikke er brede og flade, men tynde og en smule mere tætte.

Serverer 2-4

ingredienser

2 spiseskefulde vegetabilsk olie

2 fed hvidløg, hakket

2 kopper broccoli, skåret i mundrette stykker

1 rød peberfrugt, kernet og skåret i strimler

2 spsk vand

8 ounce ægnudler

4 ounce tofu, skåret i mundrette terninger

1 spsk sesamolie

2-3 spsk sojasovs

2-3 spsk tilberedt chilisauce

3 spsk sesamfrø

1. Varm olien op i en stor sauterpande eller wok ved middel varme. Tilsæt hvidløg og svits indtil de er gyldne, cirka 2 minutter.

2. Tilsæt broccoli og rød peber, og steg i 2 til 3 minutter. Tilsæt vandet, læg låg på, og lad grøntsagerne dampe, indtil de er møre, cirka 5 minutter.

3. Bring en stor gryde vand i kog. Tilsæt nudlerne og kog indtil al dente; dræne.

4. Mens nudlerne koger, tilsæt de resterende ingredienser til broccoliblandingen. Fjern fra varmen, tilsæt nudlerne, og vend sammen.

Blomstrede lime nudler

Hybriden af thailandske og italienske smage synger i denne unikke ret. Spiselige blomster såsom nasturtiums og Johnny Jump-Ups er nemme at dyrke og er ofte tilgængelige på din lokale gårdstand.

Serverer 4

ingredienser

8 ounce englehårpasta

1 spsk saltet smør

2-3 spsk limesaft

4 ounce revet parmesanost

Rosenblade eller andre økologiske spiselige blomster

Lime skiver

Sort peber

1. Bring en stor gryde vand i kog over høj varme. Tilsæt pasta og kog efter pakkens anvisninger; dræne.

2. Vend pastaen med smør, limesaft og parmesan.

3. Til servering toppes med rose- eller blomsterblade og limeskiver. Send sort peber ved bordet.

Broccoli nudler med hvidløg og soja

For et mere solidt måltid, tilsæt flere af dine yndlings grønne grøntsager og et tyndt skåret kyllingebryst til din sauter. (Husk blot at øge sauceingredienserne tilsvarende!)

Serverer 2-4

ingredienser

1 pund broccoli, skåret i mundrette buketter

16 ounce risnudler

1-2 spsk vegetabilsk olie

2 fed hvidløg, hakket

2 spsk sojasovs

1 spsk sød sojasovs

1 spsk sukker

Stærk sovs

Fiskesovs

Limebåde

1. Bring en gryde med vand i kog over høj varme. Kom broccolien i og blancher, indtil den er mør-sprød eller efter din smag. Dræn og sæt til side.

2. Læg risnudlerne i blød i varmt vand, indtil de er bløde, cirka 10 minutter.

3. I en stor sauterpande opvarmes den vegetabilske olie på medium. Tilsæt hvidløg og steg til de er gyldne. Tilsæt sojasovs og sukker under omrøring, indtil sukkeret er helt opløst.

4. Tilsæt de reserverede nudler, vend indtil godt dækket med saucen. Tilsæt broccolien og rør rundt.

5. Server straks med varm sauce, fiskesauce og limebåde ved siden af.

Basic Sticky Rice

I Thailand dampes denne basisfødevare i store tragte; her skal du bruge en steamer kurv. Findes på ethvert asiatisk marked, det kaldes også "søde ris", "mochi-ris" eller "klæbende ris".

Serverer 2-4

ingredienser

1 kop glutinous ris

Vand

1. Læg risene i en skål, dæk dem helt med vand og lad dem trække natten over. Tøm før brug.

2. For en dampkogerkurv eller et dørslag med fugtet osteklæde. (Dette forhindrer riskornene i at falde gennem hullerne i dørslaget.)

3. Fordel risene over osteklædet så jævnt du kan.

4. Bring en gryde med vand med låg i kog. Læg kurven over det kogende vand, og sørg for, at bunden af den

ikke rører vandet. Dæk godt til og lad dampe i 25 minutter.

Fried Rice i Fjernøsten

Vælg vegetarisk fiskesauce og drop ægget for at skabe en vegansk version. Eller gør det kødfuldt ved at tilføje strimlet kyllinge- eller oksekødsrester. Variationerne er uendelige!

Serverer 4-6

ingredienser

2 spsk fiskesauce

11/2 spsk riseddike

2 spsk sukker

21/2 spsk vegetabilsk olie

2 æg, pisket

1 bundt grønne løg, trimmet og skåret i tynde skiver

2 spsk hvidløg, hakket

1 tsk tørrede røde chilipeberflager

2 store gulerødder, skrællede og groft strimlede

2 kopper bønnespirer, trimmes evt

5 kopper daggamle langkornede hvide ris, klumper brudt op

1/4 kop mynte eller koriander blade, hakket

¼kop ristede jordnødder, hakkede

1. Kombiner fiskesauce, riseddike og sukker i en lille skål; sæt til side.

2. I en wok eller stor stegepande opvarmes olien over medium-høj varme. Tilsæt æggene og steg til det er rørt.

3. Tilsæt grønne løg, hvidløg og peberflager og fortsæt med at røre i 15 sekunder eller indtil dufter.

4. Tilsæt gulerødder og bønnespirer; rør rundt, indtil gulerødderne begynder at blive bløde, cirka 2 minutter.

5. Tilsæt risene og kog i 2 til 3 minutter eller indtil de er gennemvarme.

6. Rør fiskesauceblandingen i og tilsæt de stegte ris, vend indtil jævnt belagt.

7. Til servering skal du pynte risene med hakket mynte eller koriander og hakkede jordnødder.

Ingefær ris

Den søde, krydrede smag af frisk ingefærrod bliver hængende og bliver mere kompleks, efterhånden som den får lov til at lave mad til en ret. Det vil vække dine smagsløg og hjælpe med at booste din energi!

Serverer 4-6

ingredienser

2 spiseskefulde vegetabilsk olie

1 (1/2 tomme) stykke ingefærrod, skrællet og skåret i tynde skiver

1 stilk citrongræs skåret i ringe (kun mør inderdel)

2-3 grønne løg, skåret i ringe

1 rød chilipeber, kernet og hakket

11/2 dl langkornet ris

Knip brun farin

Knivspids salt

Saft af 1/2 lime

23/4 dl vand

1. I en mellemstor gryde opvarmes olien over middel varme. Tilsæt ingefærrod, citrongræs, grønne løg og chilipeber; sauter i 2 til 3 minutter.

2. Tilsæt ris, brun farin, salt og limesaft, og fortsæt med at sautere i yderligere 2 minutter. Kom vandet i gryden og bring det i kog.

3. Reducer varmen, dæk med et tætsluttende låg, og lad det simre i 15 til 20 minutter, indtil væsken er absorberet.

Tropisk kokosris

Ris udgør bunden af mange thailandske desserter, og det er ikke anderledes. Kokosnød og frugt som ananas, mango, banan eller guava kombineres for at gøre den cremet og sød.

Serverer 6-8

ingredienser

2 kopper kortkornet ris

2 kopper vand

1 kop kokosfløde

¼kop ristet kokosnød (se sidebjælke)

½kop finthakkede tropiske frugter efter eget valg

1. Kom ris, vand og kokosfløde i en mellemstor gryde og bland godt. Bring i kog ved middelhøj varme. Reducer varmen og dæk til med et tætsluttende låg. Kog i 15 til 20 minutter, eller indtil al væsken er absorberet.

2. Lad risene hvile af varmen i 5 minutter.

3. Luft risene og rør den ristede kokos og frugt i.

Mango fjols

Et fjols er normalt en kombination af tung flødeskum og en frugtpuré. Frugten er lige knap foldet ind i cremen og efterlader små striber. Denne voksne "budding" er enkel, let og en sand fornøjelse.

Serverer 4-6

ingredienser

2 modne mangoer, skrællet og kødet skåret fra kernerne

2 spsk limesaft

¼kop sukker

1 kop tung fløde

1 spsk konditorsukker

Krystalliseret ingefær (valgfrit)

Mynteblade (valgfrit)

1. Kom mangoerne i en foodprocessor med limesaft og sukker. Purér indtil glat.

2. I en stor skål pisk den tunge fløde med konditorens sukker, indtil den er stiv.

3. Vend mangopuréen grundigt ind i den tunge creme.

4. Server i bægre garneret med krystalliseret ingefær
eller myntekviste, hvis det ønskes.

Vandmelon is

Afkøl dine serveringsbægre for at få en frostende effekt og for at forhindre isen i at smelte, når du har barberet den. Prøv forskellige arvestykker af vandmelon til en uventet orange eller gul-farvet is!

Serverer 6-8

ingredienser

⅓kop vand

½kop sukker

1 (3 pund) stykke vandmelon, skal skåret væk, frøet og skåret i små bidder (reserver lidt til pynt, hvis det ønskes)

1 spsk limesaft

Myntekviste (valgfrit)

1. Kom vand og sukker i en lille gryde og bring det i kog. Fjern fra varmen og lad afkøle til stuetemperatur under jævnlig omrøring. Sæt gryden i en skål med is og fortsæt med at røre siruppen indtil den er kold.

2. Kom vandmelon, sirup og limesaft i en blender og purér, indtil det er glat.

3. Hæld puréen gennem en sigte i en 9-tommers bradepande. Dæk panden med folie.

4. Frys puréen i 8 timer eller til den er frossen.

5. Til servering skrabes den frosne puré med tænderne på en gaffel. Hæld afskrabningen i smukke glasbægre og pynt med et lille stykke vandmelon eller myntekviste.

Nem thailandsk iste

Thai iced tea på den halve tid — hvad kan man ikke lide? Tilsæt et skud mælk eller kondenseret mælk for at gøre det ekstra cremet og lækkert.

Giver 1 kop

ingredienser

2 spsk sukker

1-2 spsk thailandske teblade

1 kop varmt vand

Is

1. Kom sukkeret i et stort glas.

2. Læg tebladene i en tekugle og læg den i glasset.

3. Tilsæt det varme vand. Lad trække indtil færdig til din foretrukne styrke.

4. Rør for at opløse sukkeret og tilsæt is.

Asiatiske gulerodsstave

Ingen five-spice? Intet problem! Du kan lave dine egne ved at kombinere Szechuan-peberkorn og stjerneanis (ristet og sat gennem en krydderikværn), med stødt nelliker, stødt kanel og stødte fennikelfrø.

Serverer 4-6

ingredienser

1 pund tynde gulerødder, skrællet og skåret i kvarte på langs

4 spsk vand

4 spsk olivenolie

2 fed hvidløg, hakket

2 spsk riseddike

1/8–1/4 tsk cayennepeber

1/2–11/2 tsk paprika

1/2–1 tsk kinesisk femkrydderipulver

3 spsk koriander, hakket

Salt og peber efter smag

1. Læg gulerødderne i en gryde, der er stor nok til at holde dem behageligt. Dæk gulerødderne med vand

og bring dem i kog ved høj varme. Dræn gulerødderne
og kom dem tilbage i gryden.

2. Tilsæt de 4 spiseskefulde vand, olivenolien og
   hvidløget; bring det i kog, reducer det til et
   kogepunkt, og kog til det er lige mørt. Dræne.

3. I en lille skål røres de resterende ingredienser
   sammen; hæld over gulerødderne, vend til pels.

4. Smag til med salt og peber.

5. Gulerødderne kan spises med det samme, men
   udvikler en rigere smag, hvis de får lov til at marinere
   i et par timer.

Guacamole i thailandsk stil

Tag en traditionel mexicansk dip, tilsæt ingefær, og den får en asiatisk makeover. Server sammen med stegte wontons for at fuldende Fjernøsten-temaet.

Giver 2 kopper

ingredienser

2 modne avocadoer, udstenede og hakkede

4 tsk limesaft

1 stor blommetomat, udsået og hakket

1 spsk løg, hakket

1 lille fed hvidløg, hakket

1 tsk revet limeskal

1 tsk revet ingefærrod

1 tsk serrano eller jalapeño chili, hakket

1-2 spsk koriander, hakket

Salt og friskkværnet sort peber efter smag

1. Læg avocadoen i en mellemstor skål. Tilsæt citronsaft og mos groft.

2. Tilsæt de resterende ingredienser og bland forsigtigt
    sammen.

3. Server inden for 2 timer.

Thai kyllingesalat

Kinesisk (eller Napa) kål har mere sarte blade og mundfølelse end traditionel rød eller grøn savoykål. Hvis det er nødvendigt, kan du erstatte med sidstnævnte, men sørg for at rive det fint og forvent en tungere salat.

Serverer 4

❧

ingredienser

Til dressingen:

¼ kop vegetabilsk olie

2 spsk risvinseddike

1 spsk sojasovs

2 tsk revet ingefærrod

Knip sukker

¼ teskefuld (eller efter smag) salt

Til salaten:

2 kopper kogt kylling, hakket

4 ounce sneærter, trimmet

3 grønne løg, trimmet og skåret i skiver

1 kop bønnespirer

1 mellemstor kinakål, strimlet

1 spsk ristede sesamfrø

1. Kom ingredienserne til salatdressingen i en lille skål og pisk kraftigt for at kombinere.

2. I en mellemstor skål kombineres kylling, sneærter, grønne løg og bønnespirer. Tilsæt dressingen og vend til pels.

3. Til servering arrangeres kålen på et serveringsfad. Hæld kyllingesalaten over kålen. Pynt med sesamfrø.

Jordnøddekartoffelsalat

Parringen af jordnødder og mynte er en klassisk thailandsk kombination, der bruges med fantastiske resultater her. Vælg helt naturligt jordnøddesmør for en mere krydret smag; traditionelle mærker for et strejf af sødme.

Serverer 8-10

ingredienser

3 pund kogende kartofler, skrællede

1 kop saltede jordnødder, groft hakkede, delt

1 mellemstor rød peberfrugt, udkeret og hakket

2 stilke selleri, skåret i skiver

4 grønne løg, trimmet og skåret i skiver

¼ kop koriander, hakket

¼ kop mynte, hakket

¾ kop mayonnaise

¼ kop jordnøddesmør

3 spsk riseddike

Salt og peber efter smag

1. Bring en stor gryde vand i kog over høj varme. Tilsæt kartoflerne og kog dem møre. Dræn og afkøl. Skær i 1/2-tommers terninger.

2. I en stor skål kombineres kartoffeltern, 3/4 kop jordnødder, rød peberfrugt, selleri, grønne løg, koriander og mynte.

3. I en lille skål piskes mayonnaise, jordnøddesmør og eddike sammen. Smag til med salt og peber.

4. Hæld dressingen over kartoffelblandingen og vend til pels. Stil på køl i mindst 1 time. Pynt med de resterende jordnødder inden servering.

Sydøstasiatiske burgere

Server sammen med Fried Okra og Ginger Rice for at skabe en thailandsk version af et drive-through-måltid!

Serverer 4

ingredienser

1 fed hvidløg, hakket

3 spsk brødkrummer

1 pund hakket oksekød eller hakket kalkun

¼ kop koriander, hakket

¼ kop basilikum, hakket

¼ kop mynte, hakket

2 spsk limesaft

1 tsk sukker (valgfrit)

3 shakes Tabasco

    1. I en mellemstor røreskål kombineres alle ingredienserne.

2. Brug dine hænder, bland forsigtigt ingredienserne sammen og form 4 bøffer. Krydr hver patty med salt og peber.

3. Grill bøfferne efter din smag, cirka 5 minutter på hver side til medium.

Krydderi-pocheret kylling

Når du først har tilført dit fjerkræ så meget smag, vil du aldrig tilberede det på anden måde. Server strimlet med dampede grøntsager og klistrede ris for at lade krydderierne skinne.

Serverer 4-6

ingredienser

1 hel stjerneanis

½tsk hele sorte peberkorn

½teskefuld hele nelliker

1 (2-tommer) kanelstang

1 kardemommestang

¼teskefuld tørret mandarinskal (tørret appelsinskal kan erstattes)

5 kopper vand

¼kop lys sojasovs

2 spsk sukker

4-6 udbenede, skindfri kyllingebryst

1. Læg stjerneanis, pebernødder, nelliker, kanelstang, kardemommestang, mandarinskræl og vand i en

gryde. Bring blandingen i kog ved høj varme. Lad koge indtil pocheringsvæsken er reduceret til 4 kopper.

2. Rør sojasovsen og sukkeret i. Sæt væsken i kog.

3. Tilsæt kyllingebryst og lad det simre. Pocher brysterne, indtil de er færdige, cirka 20 minutter.

Femkrydrede grøntsager

Her findes de fem smagsvarianter fra Asien - salt, varmt, sødt, surt og bittert - i saucen. Tilsæt lidt mere honning, hvis du foretrækker en sødere sauce og færre røde peberflager, hvis du ikke vil have så meget varme.

Serverer 4

~

ingredienser

½ kop appelsinjuice

1 spsk majsstivelse

½–¾ tsk kinesisk femkrydderipulver

¼ teskefuld knust rød peberflager

2 spsk sojasovs

2 tsk honning

1 spiseskefuld vegetabilsk olie

1 pund svampe, skåret i skiver

1 kop gulerodsskiver

1 lille løg, halveret og skåret i tynde skiver

1-2 fed hvidløg, hakket

3 kopper broccolibuketter

1. I en lille skål kombineres appelsinjuice, majsstivelse, pulver med fem krydderier, rød peberflager, sojasovs og honning; sæt til side.

2. Opvarm vegetabilsk olie i en wok eller stegepande over medium-høj varme. Tilsæt champignon, gulerødder, løg og hvidløg. Steg i ca. 4 minutter.

3. Tilsæt broccoli og fortsæt med at koge yderligere 2 til 4 minutter.

4. Rør saucen i. Kog indtil grøntsagerne er færdige efter din smag og saucen er tyk, cirka 2 minutter.

5. Server over risnudler, pasta eller ris.

Peninsula søde kartofler

Kokosmælk giver en ø-smag til enhver ret, og dette er ingen undtagelse! Hvis du vil mose de søde kartofler, når de er kogt, er det en anden god måde at nyde dem på.

Serverer 4

ingredienser

1 pund søde kartofler eller yams af forskellige varianter, skrællet og skåret i mundrette stykker

1 laurbærblad

1 tsk sukker

¼teskefuld salt

1 (14-ounce) dåse kokosmælk

1. Læg de søde kartoffelstykker i en stor gryde. Tilsæt lige nok vand til at dække dem, og bring det i kog. Tilsæt laurbærbladet og kog til kartoflerne er bløde. Fjern laurbærbladet og kassér det.

2. Rør sukker og salt i. Når sukkeret er opløst, tages gryden af varmen og kokosmælken røres i. Juster

krydderierne ved at tilsætte salt og/eller sukker evt.
Juster konsistensen ved at tilsætte mere vand og/eller
kokosmælk.

Honning kylling

Mere tilfredsstillende - og sundere! — end den stegte version slår denne søde og sure kyllingeret alt, hvad du kan bestille fra takeaway-menuen.

Serverer 3-4

ingredienser

2 spsk honning

2 spsk fiskesauce

2 spsk sojasovs

½teskefuld kinesisk fem-krydderi pulver

2 spiseskefulde vegetabilsk olie

1 mellemstor løg, pillet og skåret i tern

1 pund udbenet, skindfri kyllingebryst, skåret i mundrette stykker

3-4 fed hvidløg, skåret i tynde skiver

1 (1-tommer) stykke ingefær, skrællet og hakket

1. Kombiner honning, fiskesauce, sojasauce og pulver med fem krydderier i en lille skål; sæt til side.

2. Varm olien op i en wok på medium-høj. Tilsæt løget
    og steg indtil det lige begynder at brune.

3. Tilsæt kyllingen; steg i 3 til 4 minutter.

4. Tilsæt hvidløg og ingefær, og fortsæt med at røre i
    yderligere 30 sekunder.

5. Rør honningblandingen i og lad stege i 3 til 4 minutter,
    indtil kyllingen er glaseret og færdig efter din smag.

Frugt i sherriedirup

Dette er en enkel, elegant dessert. Siruppen holder sig i køleskabet i op til en uge og kan laves i forvejen for nem forberedelse af aftensmad. Du kan også bruge den som en simpel sirup til at smage vand eller te!

Serverer 4-6

ingredienser

2 spsk sukker

4 spsk vand

2 spsk tør sherry

2 tsk citronsaft

1 appelsin, skrællet og delt

2 kopper friske ananas bidder

11/2 dl kiwi skiver

1. I en lille gryde koger du sukkeret og vandet over høj varme, indtil det er sirupsagtigt. Fjern fra varmen og lad afkøle til stuetemperatur. Rør citronsaft og sherry i; sæt til side.

2. Kombiner appelsinsegmenterne, ananasstykkerne og
    kiwi i en serveringsskål. Hæld siruppen over frugten
    og vend sammen. Stil på køl i mindst 1 time før
    servering.